# Schokolade

## Ein Stück vom Glück.

von

**Thomas Caspari**

**Thomas Chiari**

**Jörg Grannemann**

Text: Jörg Grannemann

Fotos: Thomas Caspari

Art Direction: Stephan Marx

Idee und Konzept: Thomas Chiari

Styling: Christiane Muth-Grannemann

HÄDECKE

Satz: Marx Werbeagentur GmbH, Essen
Gesamtherstellung: Metzgerdruck, Obrigheim
Printed in Germany, 1998


Walter Hädecke Verlag
D-71256 Weil der Stadt


1. Auflage 1998


ISBN 3-7750-0313-4

**Bibliografie**

Gesund mit Schokolade, Michel Montignac, Artulen-Verlag, Offenburg 1996

THE BOOK OF CHOCOLATE, Flammarion, Paris – New York 1996

Das große Buch der Schokolade, Teubner Edition bei Gräfe und Unzer, Füssen 1996

Fit for Fun – Das große Buch der Vitamine, Südwest, Hamburg 1995

Schokolade, Marcia und Frederic Morton, Deuticke, Wien 1995

Focus 21/1998, Seite 202

Zeitschrift „Nature" (8/22/96)

Internet-Veröffentlichungen:

· Transients, Science and Engineering News, Winter 1996

· Schrot & Korn 12/96

· Chocolate – melting the myths, Deborah Gaskell, 1997

Schokolade war der wichtigste Treibstoff auf dem Weg zu diesem Buch. Natürlich waren es auch viele freundliche Mitmenschen, Unternehmen und Schokoladen-Liebhaber, denen wir für ihre Unterstützung an dieser Stelle herzlich danken möchten.

Wir bedanken uns bei:
der Firma B. T. Dibbern für die freundliche Leihgabe des Porzellans der Dr. Oetker Versuchsküche für die Tips zu den Rezepten, Dr. Martina Horbach für die wissenschaftliche Beratung, Rüdiger Funke vom Info-Zentrum für Schokolade, Ursel Horbach für Confiserie und Patisserie, Irmhilt und Jürgen Philipps für die liebevolle Unterstützung, Hubert Horbach, Laura für die Leichtigkeit ihres Seins, Silke und Rüdiger Schaffner, Chrissi und Doro für die gute Inspiration und das geduldige Zuhören, Uli Schlage für ein wunderschönes Schmelzerlebnis, Elke für das Schokoladenbekenntnis, Tante Uschi für die Cognacbohnen, Annette M. für das einzig wahre Stück vom Glück, dem Team der Marx Werbeagentur, Essen: Katja Adolf, Maren Franke, Helge Jepsen, und natürlich dem Team Caspari Film, Düsseldorf: Sabine Caspari, Petra Poldrack.

Last but not least bedanken wir uns bei Joachim Graff, der mit Geduld und Vertrauen auch dieses Buch mit uns zusammen in die Realität umsetzte.

Thomas Caspari, Thomas Chiari, Jörg Grannemann

# MEINE MAMA HAT IMMER GESAGT: DAS LEBEN IST WIE EINE SCHACHTEL PRALINEN. MAN WEISS NIE WAS MAN KRIEGT.

Zitat aus dem Film „Forrest Gump"
nach einer Novelle von Winston Groom

Schokolade – was auch immer es ist, man sagt diesem Stoff ganz außergewöhnliche Eigenschaften zu: Er kann langanhaltende, kontemplative Glückszustände verursachen, er kann ernsthafte Probleme in zartem Schmelz auflösen, er kann disziplinierte Menschen völlig aus der Bahn werfen und selbst überzeugte Asketen verzweifelte Suchtbekenntnisse stammeln lassen. Ja, Schokolade soll sogar in Einzelfällen über die Auflösung einer Boy-Group hinweg getröstet haben.

Das Kuriose daran ist noch nicht einmal die Wirkung der Kakaobohnen, die ließe sich recht präzise erklären. Sondern eigentlich nur, daß alle von Schokolade reden und jeder etwas anderes meint.
Denn zwischen einer Tafel Edelbitterschokolade und einem Vollmilch-Karamelriegel liegen Weltanschauungen. Und die werden mitunter hart verteidigt. Nicht etwa, weil das eine aus der vornehmen Confiserie und das andere aus dem Süßwarenregal im Supermarkt stammt. Nein, ganz und gar nicht: allein aus persönlicher Überzeugung. Was so manchen auf den kulinarischen Zenit befördert, das kann für andere die herbe Enttäuschung sein.

Eines darf jedenfalls bei den vielen hundert verschiedenen Schokovarianten als absolut gesicherte Erkenntnis gelten: Die Welt ist der Schokolade hoffnungslos verfallen. In welcher Form auch immer.
Die wahren Hintergründe dazu sind noch weitgehend unerforscht und dürften sich wohl eher in rein geschmäcklerischen oder gar in tiefenpsychologischen Bereichen abspielen. Tatsache ist, daß es bei allem, was in irgendeiner Weise mit Kakao zu tun hat, kaum Kostverächter gibt. Und daß es nicht nur in den Alpenregionen Länder gibt, in denen der Durchschnittsbürger jährlich über 10 Kilo Schokolade verputzt.

**W**ürde man sich durch alle Sorten und Varianten der Schokolade durchbeißen, hätte das wahrscheinlich einen über Jahre dauernden, exorbitanten Schokoladenrausch zur Folge. Das Angebot ist schier unerschöpflich und findigen Confiserien wie auch der Schokoladenindustrie mangelt es offensichtlich nicht an neuen Ideen.

Wahrscheinlich hat man in der über 1.400-jährigen Geschichte des Kakaoanbaus schon so ziemlich alles mit dem Aztekengold zusammengemischt, was eßbar ist. Daß dabei unzählige Geschmacksverirrungen entstanden sind, gilt als ziemlich sicher.

Eines ist aber bis heute klar geworden: die wahre Schokolade ist und bleibt die Tafel. Und die gibt es in drei Grundsorten: Bitter, Zartbitter und Vollmilch.

Der Purist schwört auf Schwarz. Am liebsten hat er es noch schwärzer als Schwarz. So ab 60% Kakaomasse kribbelt es ihn in den Fingern, die in diesem Bereich meist harten Pappschachteln aufzuknacken. Bei 74% Kakaomasse erreicht er das Schokoladen-Nirvana. Vorausgesetzt, die Schokolade war den höheren Weihen einer anspruchsvollen Fertigung ausgesetzt und entfaltet ihr Aroma zartschmelzend in allerfeinster Konsistenz.

Nicht ganz so fundamental ist der Liebhaber zartbitterer Schokolade, der neben 50% Kakaomasse und 45% Zucker auch noch ein wenig Kakaobutter duldet. Aber auch er ist eindeutig in der Minderheit. Die mit Abstand beliebteste Schokoladensorte ist Vollmilch. Sie besteht aus 30% Kakaomasse, satten 15% Kakaobutter, 20% Milchpulver und 35% Zucker. In dieser Genußklasse tummeln sich Schokomaniacs jeden Alters. Nicht selten verschwindet das erste Stückchen Vollmilch, bevor man überhaupt an Zahnpflege denken könnte, zwischen den Felgen des vor Wonne schmatzenden Kleinkindes. Da wird es mit wachsender Begeisterung rundgelutscht und sorgt für das erste Schlüsselerlebnis mit dem zarten Schmelz.

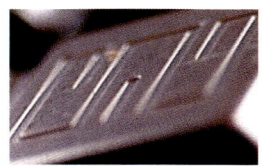

Soviel zur Basis. Schon ein flüchtiger Blick ins Supermarktregal offenbart, wie unterschiedlich die Geschmäcker sind. Allein die Tafel gibt es in allen erdenklichen Varianten mit Nüssen, Mandeln, Rosinen, Crisp, Keks, Waffeln, Karamel und Honig, gefüllt mit Nougat, Marzipan, diversen Cremes und Fruchtmischungen oder mit alkoholischen Spezialitäten, um nur ein paar Beispiele zu nennen.

Das ganze potenziert sich mit anderen Formen der Schokolade wie Riegeln, Pralinen, Sticks und den denkwürdigsten Phantasieprodukten von der Katzenzunge über Schokoladenzigaretten bis zum Osterhasen.

Bei letzterem weiß übrigens kein Mensch so genau, wo er eigentlich herkommt. Geschichtsbücher sagen, daß der schokoladisierte Rammler sich vor etwa 75 Jahren, sozusagen aus dem Nichts heraus, zu einer beispiellosen Karriere emporschwang und seither eine tragende Rolle beim Osterfest hat. Wobei sich das Tragen wohl auf die Eier beschränkt. Hartnäckige Gerüchte, daß Restbestände spätestens im November zu Weihnachtsmännern transzendieren, werden von der Industrie als Lügenmärchen abgetan.

Aber zurück zur Vielfalt. Würde man hier wirklich alle Varianten nennen, wäre das Buch voll. Selbst dann, wenn es nur bei einer lieblosen Aufzählung bliebe, was natürlich dem Wert und der Bedeutung vieler Produkte in gar keiner Weise gerecht würde. Schließlich kann eine Eispraline durchaus zum Mittelpunkt des Lebens werden. Wer schon mal ausgehungert nach dem Schwimmen eine aus dem Kühlschrank geholt hat, um sich das angenehm temperierte Konfekt genüßlich auf der Zunge zergehen zu lassen, der weiß, daß es von epochaler Bedeutung sein kann, eine zweite zu bekommen.

Jedes dieser Produkte hat insofern nicht nur seine Daseinsberechtigung. Nein, es könnte sogar überlebenswichtig für die Fangemeinde sein.

# WER NICHT GENIESST,
# WIRD UNGENIESSBAR.

Konstantin Wecker

In preislich höheren und höchsten Gefilden wird es dann noch einmal richtig spannend. Da locken die exklusiven, oft handgefertigten Creationen der kleinen, feinen Confiserien. Das sind durchweg Produkte, vor deren Verpackung man schon auf die Knie fallen möchte, vom Inhalt ganz zu schweigen.

Da gibt es so verspielte, liebenswerte Spezialitäten wie die Autofahrerschokolade von Demel. Überhaupt ist die gesamte Palette der rührigen Wiener Hofzuckerbäckerei eine Offenbarung für jeden halbwegs schokoladen-sensiblen Menschen. Allein die Anfrage wird mit einem Päckchen belohnt, dessen Inhalt den Betrachter in die kaiserlichen Schokoladenorgien des letzten Jahrhunderts zurückversetzt. Diese märchenhaft schönen Offerten übertreffen selbst kühnste Erwartungen.

Die Chocolaterie Valrhona in Frankreich bezeichnet ihre zum Teil in Metalldöschen gepanzerten Creationen als „Les Grands Crus de Chocolat". Die kleine Edelmanufaktur arbeitet noch mit historischen Maschinen, die ausschließlich auf Qualität und nicht etwa auf schnöde Quantität gezüchtet sind. So etwas hat freilich seinen Preis. Was hier für 100g Zartbitter fällig wird, dafür bekäme man andernorts vielleicht zehn oder fünfzehn Tafeln.

Aber in diesen Regionen wird Schokolade ja auch nicht einfach gekauft: man investiert. Vorzugsweise in sich selbst und eventuell noch in einige wenige Menschen, von denen dafür eine entsprechende Dankbarkeit zu erwarten ist.

Nun stellt sich natürlich grundsätzlich die Frage, woran man die bessere Schokolade erkennt. Die Antwort darauf ist in etwa so umfassend wie zu den anderen zentralen Themen: Wie erkenne ich die Frau / den Mann meiner Träume? Wo finde ich ein bezahlbares Haus am See? Wer sagt mir die Lottozahlen der nächsten Woche? Mit anderen Worten: Bei der Suche nach der besten Schokolade gibt es keine Pauschalregeln.

Erste Anhaltspunkte für die Qualität einer Schokolade sind Name und Herkunft. Produkte aus renommierten Häusern sind in den seltensten Fällen schlecht. Allenfalls können sie auf rein subjektive Ablehnung stoßen. Oft verrät schon die Verpackung etwas über die besondere Güte und selbst der Preis hat, wenn auch eingeschränkt, eine gewisse Aussage.

Wer gern edelbittere oder zartbittere Schokolade ißt, sollte auf einen Vermerk über die Kakaoqualität achten. Die unterschiedlichen Produkte haben einen Kakaogehalt ab 60%, mehr ist nicht zwangsläufig besser. Ein sehr hoher Anteil kann bei bestimmten Kakaosorten sogar einen säuerlichen Beigeschmack erzeugen.

Ganz entscheidend für Zartheit und Biß der Schokolade ist die Dauer des Conchierens. So bezeichnet man einen wichtigen Veredelungsprozeß durch tagelanges Rühren. Manchmal ist auf den Packungen ein Hinweis über die Herstellung zu finden. Traditionsverhaftete Hersteller von Spitzenprodukten überlassen das Conchieren nämlich nicht dem Schnellverfahren, sondern setzten in diesem Punkt auf bewährte Maschinen. Der Connaisseur weiß das zu schätzen.

Bei der Vollmilchschokolade kann auch die Milch eine entscheidene Rolle spielen. Hershey, Cadbury und Cailler verwenden zum Beispiel nur Kondensmilch statt Milchpulver. Anhänger dieser Marken schwören darauf.

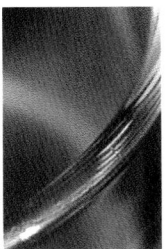

So Manchem kommt es nicht nur darauf an, was in der Schokolade drin ist, sondern auch darauf, was nicht drin ist. Der Verzicht auf bestimmte Inhaltsstoffe kann spürbar Einfluß auf die Qualität haben. Das Fehlen von Konservierungsstoffen beispielsweise läßt auf frische Produkte schließen und verringert die Wahrscheinlichkeit einer allergischen Reaktion. Schokoladenprodukte ohne Geschmacksverstärker sind immer ein Indiz für den hohen Anspruch. Der geschulte Gaumen schmeckt auch einen zu hohen Lecithingehalt heraus. Diese fettähnliche Substanz wird als Emulgator benutzt, damit die Schokoladenmasse bei der Herstellung leichter fließt. Lecithine sind von Natur aus in jeder Zelle des Körpers und in großen Mengen auch in Hülsenfrüchten zu finden. Von außen zugeführt, gelten Lecthine normalerweise als die Nervennahrung schlechthin. Ist davon zuviel in der Schokolade, lehnen Vertreter der reinen Lehre dankend ab.

Aber es gibt auch eine Menge Feinschmecker, die sich das Leben ganz einfach machen und sich nur auf ihren Geschmack verlassen. Dieses Grüppchen selbstbewußter Genießer interessiert es nicht im geringsten, was dahintersteckt. Bei ihnen steht der höchstpersönliche Gaumenkitzel im Mittelpunkt – und sonst gar nichts. Meist haben sie alles einmal durchprobiert, hatten dabei eine wundervolle Zeit und sind dann irgendwann ihrer persönlichen Marke verfallen. Völlig zwecklos, in einem solchen Fall von etwas anderem zu reden als von der So-und-so-Lindt-Schokolade oder der Was-weiß-ich-nicht-Feodora. Die auserkorene Marke ist und bleibt die beste Schokolade der Welt. Eine Art Starrsinn, die übrigens bei Liebhabern aller Preisklassen vertreten ist. Fragen Sie mal einen der leidenschaftlichen Verfechter von Aldi-Schokoladen, ob er etwas anderes probieren möchte.

WIE WIR VON MANCHEN MENSCHEN VERKANNT WERDEN,

BEWEISEN UNS NICHT SELTEN IHRE GESCHENKE.

Sigmund Graff

**D**ie ganze Welt hechelt ihm täglich hinterher, jeder versucht ein Stück davon zu ergattern. Es gibt Leute, die immer haarscharf dran sind. Andere fallen aus Versehen mal rein. Und wieder anderen haftet es praktisch an, ohne daß sie etwas davon mitkriegen. Man findet es in der Liebe, in der Freundschaft, in italienischen Sportwagen, beim Lotto, auf der Achterbahn und eigentlich immer dann, wenn man gerade am wenigsten damit rechnet. Die Rede ist vom Glück.

Wenn man Glück in kleine Stücke portioniert, dann nennt man das Pralinen oder vornehmer Pralinés. Das kleine Glück hat viele Gesichter und ist wie fast alles im Leben von unterschiedlichster Qualität. Es gibt das schnelle, billige Glück (aber das ist hier nicht gemeint) und es gibt das zutiefst befriedigende Glück, das auch im Wiederholungsfalle keineswegs langweilig wird (das wird im Folgenden ein wenig näher beschrieben).

Pralinés sind meist in feinste Schokoladen gehüllte Trüffel-, Nougat- oder Marzipanfüllungen. Und damit sind die Möglichkeiten einer Definition bereits vollends erschöpft. Der Rest ist pure Phantasie. Sie spielt sich in den kreativen Köpfen der Confiseure ab und nährt die Träume einer unverbesserlichen Anhängerschar.

Früher war das Prädikat „handgetunkt" ein begehrtes Qualitätsmerkmal. Der gewisse Dreh, den man dafür raushaben mußte, war eine Kunst, die für den gleichmäßigen Schokoladenüberzug sorgte. Derartige Fingerfertigkeiten sind mittlerweile kein Muß mehr für ein gutes Produkt. Entsprechende Maschinen können das auch.

**IN DIESER KOLLEKTIVISTISCHEN ZEIT SO INDIVIDUALISTISCH WIE MÖGLICH ZU LEBEN IST DER EINZIGE ECHTE LUXUS, DEN ES NOCH GIBT.**

Orson Welles (1915 – 1985),
amerik. Schauspieler und Regisseur

Viel wichtiger ist zweifelsohne die Güte der verwendeten Zutaten. Jeder gute Confiseur schwört auf seine eigenen Vorlieben, die meist aus der Tradition des Hauses kommen: Beste Schokoladen, die selbst oder nach eigenen Rezepten hergestellt werden, feinste natürliche Aromalieferanten, mitunter Tees und exotische Pflanzen, die in Gramm aufgewogen werden, erstklassige Beigaben wie Nüsse, Mandeln, Pistazien, Früchte und natürlich auch frische Produkte wie Sahne und Butter.

Stars der Szene treiben es auf die Spitze und stellen aus solchen Zutaten, ohne Rücksicht auf die Haltbarkeit, frische Pralinés her. Sie werden praktisch zum sofortigen Genuß in kleinen, hausgemachten Auflagen angeboten. Das sind Pretiosen, die schon bei der ersten Berührung mit den Lippen ihr feines Schokoladenaroma verströmen, die im Munde unter sanftem Druck aufbrechen, um ihr paradiesisches Inneres preiszugeben, und dabei ein geschmackliches Feuerwerk entfachen, das von der nun schmelzenden Schokolade langsam wieder umhüllt wird und schließlich in letzten aromatischen Aufwallungen allmählich erlischt. Welch ein Genuß!

Wen wundert es da, daß auch die Verpackungen dieser kleinen Kunststückchen nicht selten den Rahmen des Üblichen sprengen. Für besonders anspruchsvolle Kunden verpackt der Confiseur Heinemann seine hausgemachten Champagnertrüffeln nicht etwa in gewöhnliche Pappschachteln. Nein, für den Düsseldorfer werden exklusiv original Moët & Chandon-Flaschen gefertigt. Für die dreilagige Trüffelabfüllung hat man den Boden eigens mit einem Verschluß ausgestattet. Zum Inhalt kann man eigentlich nur sagen: Santé!

KU

KUL

**B**etrachtet man heute eine dieser reich verzierten, pralinen-gefüllten Schatzkistchen aus den besseren Confiserien Europas, dann wird man das Gefühl nicht mehr los, daß der Inhalt göttlich ist. Ein höheres Geschenk vielleicht, das bereits perfekt zur Welt kam und eine lupenreine Historie ohne den geringsten Makel vorzuweisen hat. Ganz so sauber war es dann aber doch nicht.

Vor etwa 4.000 Jahren gab es die ersten Kakaobäume. Die Früchte, die für das einzigartige Aroma der Schokolade verantwortlich sind, verschwanden für lange Zeit ausschließlich in den scharf gewetzten Schnäbeln mittelamerikanischer Vögel und in einigen verwöhnten Affenmäulern. Das sollte sich ändern, denn schließlich ist der Mensch von Natur aus mit einer recht sensiblen Beobachtungsgabe ausgestattet. Und so war es ihm nicht entgangen, daß sich die Baumbewohner mit den Kakaobohnen eine gute Zeit machten und offensichtlich ein tierisches Vergnügen dabei empfanden. Das war der eigentliche Startschuß für die Schokolade.

Es gab sie übrigens zunächst nicht in fester Form, sondern nur als Getränk. Die alten Völker Zentralamerikas kultivierten die Herstellung der köstlichen Trinkschokolade und empfanden sie bereits als etwas sehr Wertvolles. Die Mayas hatten in Yucatán etwa 600 Jahre vor Christus schon die ersten richtigen Kakaoplantagen. Sie verdienten damit so viel Geld, daß sie ein reiches Volk wurden. An sich hätte man damals recht gut leben können, wenn da nicht auch das eine oder andere Opfer gewesen wäre. Dreizehn Tage Enthaltsamkeit vor der Aussaat war noch das kleinere Übel, unter dem man zum Beispiel in Nicaragua zu leiden hatte. Anderenorts gab es dann sogar Menschenopfer. Bei der Anpflanzung und Pflege der Kakaobäume verließen sich die Völker eben nicht nur auf ihr Können, sondern auch auf den göttlichen Beistand. Wie so oft in der Geschichte ging das nicht ganz unblutig ab.

Viel später sollte es aber noch viel schlimmer kommen. Die Vorge-schichte dazu spielte in den absoluten Anfängen der Schokolade und begann mit dem etwas überstürzten Abschied eines Aztekischen Got-tes namens Quetzalcoatl. Er war es, der den Menschen die Schokolade gebracht hatte. Dieser Priesterkönig sah ganz anders aus als die ande-ren Götter. Seine Hautfarbe und sein Bart waren weiß. Nach einer Zeit der Hochkultur verließ er von heute auf morgen sein Volk, brannte alles nieder und vergrub die Schätze irgendwo in den Bergen. Der Grund für seine hastige Abreise war offensichtlich Eitelkeit. Quetzal-coatl glaubte nämlich sein Volk zu erschrecken, weil er mittlerweile alt und häßlich aussah. Zum Trost versprach er wiederzukommen. Als möglichen Termin gab er einen Zyklus an, der 52 Jahren in unserem heutigen Kalender entspricht. Also erwartete man von nun an alle 52 Jahre die Rückkehr des Herrschers und damit auch die Renaissance der guten alten Zeit.

1519 war es dann endlich soweit: Am Horizont tauchten Schiffe auf, die Besatzung war hellhäutig und trug weiße Bärte. Der Jubel war groß und eine der verhängnisvollsten Verwechslungen der Geschichte nahm ihren Lauf. Denn es war nicht der gute alte Gott, der da übers Meer kam, sondern der spanische Conquistador Hernando Cortéz mit seinen Truppen.

Der Empfang war großartig. Montezuma II, damaliger Herrscher der Azteken, war ein herausragender Gastgeber mit einem Faible für ausschweifende Bankette. Nachdem sich Cortéz eine Weile breit ge-macht hatte, das Leben und die Schokolade genoß, kam er langsam zum offiziellen Teil seines Besuches. Man gab sich also zusehends rup-piger, inhaftierte schließlich den Herrscher und übernahm das Land. Montezuma starb auf der Gefängnismauer unter den Steinwürfen seiner Landsleute, die er auf Befehl von Cortéz zu beschwichtigen versucht hatte.

1528 war Cortéz' Auftrag zur Zufriedenheit der Spanischen Krone erledigt. Bei seiner Rückkehr hatte er etwas Merkwürdiges im Gepäck, das König Karl dem Ersten ganz gut schmeckte. Er fand allerdings, daß ein wenig Zucker nicht schaden könne.

Cabernet Sauvignon, Pinot Noir oder Nebbiolo sind klangvolle Namen für jeden Weintrinker. Aber Criollo, Forastero oder Trinitario kennt wahrscheinlich kein Mensch. Obwohl das die Basis einer jeden guten Schokolade ist. Denn was für den Wein die Rebsorten, sind für Schokoladen die Kakaobäume. Natürlich ist die Vielfalt nicht so groß und die Unterschiede sind nicht derart subtil. Aber eine gute Criollo-Ernte läßt das Herz eines jeden Plantagenbesitzers höher schlagen. Die Früchte dieser Gruppe versprechen einen besonders aromatischen Kakao. Leider sind diese Bäume mit ihren wertvollen Kakaobohnen selten und obendrein problematisch. So ist es hier wie bei fast allen kulinarischen Ausnahmeerscheinungen. Der empfindliche Criollo-Baum stellt gerade mal 10% der weltweiten Produktion.

Wesentlich robuster sind die Forastero-Bäume Brasiliens und Westafrikas. Sie liegen mit 70% der weltweiten Ernte unangefochten an der Spitze.

Schließlich gibt es noch eine ganze Reihe von Mischformen, die Trinitario-Bäume. Sie liefern sehr unterschiedliche Qualität und leisten mit 20% einen nicht unerheblichen Beitrag.

Afrika produziert zur Zeit über 1,8 Millionen Tonnen Kakaobohnen im Jahr und ist damit, vor allem durch die Plantagen der Elfenbeinküste, der größte Lieferant der Welt. Gefolgt von Zentral- und Mittelamerika mit über 400.000 Tonnen sowie Asien und Ozeanien mit etwa der gleichen Menge.

Die Schokoladen-Hersteller importieren mit den Kakaobohnen ein recht gut vorbereitetes Produkt. Nämlich nur die ölhaltigen Kerne der tropischen Kakaofrucht. Und die haben bereits einen drei- bis sechstägigen Gärungsprozeß hinter sich, bei dem die Aromastoffe gebildet werden. Anschließend wird den Bohnen noch in einer mehr oder weniger aufwendigen Trocknungsphase reichlich Flüssigkeit entzogen. Der Wassergehalt schrumpft dadurch auf 7,5%, was die nun fertige Exportware gegen Schimmelpilze schützt.

Nach ihrer Seereise kommt die heißbegehrte Fracht bei uns in Jutesäcken an. In der Schokoladenfabrik werden zunächst die unbrauchbaren Bohnen aussortiert. Alle anderen kommen in große rotierende Trommeln, in denen sie bei etwa 140°C geröstet werden. Danach erst können die Bohnen aus ihrer letzten Schutzschicht, der Kernschale, herausgelöst werden. Man nennt diesen Vorgang das „Brechen".

Bis hierhin sind sich so ziemlich alle Schokoladen-Hersteller einig. Ab hier beginnen dann die kleinen Geheimnisse, aus denen die großen Unterschiede entstehen. Allein das Mischen der unterschiedlichen Kakaobohnen ist schon eine Wissenschaft für sich, weil dadurch maßgeblich der typische Geschmack einer Marke entsteht.

In der Walzenmühle entsteht nun aus den Bohnen die Kakaomasse. Sie läßt sich in Kakaobutter und Kakaokuchen trennen. Je nach Mischungsverhältnis, unter anderem mit Puderzucker und Milch, werden daraus später die gewünschten Schokoladensorten. In einem zweiten Walzenwerk wird die Mischung nun solange verfeinert, bis sie völlig homogen ist.

An dieser Stelle unserer kleinen gedanklichen Fabrikbesichtigung würde eine Kostprobe zwar eindeutig nach Schokolade schmecken, aber der Aha-Effekt bliebe aus. Die Schokolade ist jetzt noch nicht wirklich zart und weich, es fehlt ihr an Feinheit.

Eine 24-stündige Trocknungszeit der flüssigen Schokolade ist ein erster Schritt in Richtung „butterzart". Anschließend beginnt ein bis zu sechs Tage lang dauernder Veredelungsprozeß, das Conchieren. Im Prinzip ist das nichts anderes als geduldiges Rühren: Die Schokolade wird in Spezialbehältern bei konstant 80°C ständig in Bewegung gehalten, was unter anderem die restliche Feuchtigkeit verdunsten läßt und das letzte Quentchen Bitterstoffe eliminiert. Erst durch das Conchieren wird die Schokolade diesen gewissen Schmelz erhalten, den alle lieben.

Wer es mit der Schokoladenherstellung auf die absolute Spitze treiben möchte, hält sich an die neuesten Erkenntnisse aus der Forschung. Wissenschaftler der Heriot-Watt University in Edinburgh und des Research Council in Daresbury haben die exakte Temperatur ermittelt, bei der Schokolade idealerweise vom flüssigen in den festen Aggregatzustand übergehen sollte. Sie liegt bei exakt 23,86°C. Nur dann kristallisieren die Moleküle der Kakaobutter in einer Struktur, die dem Connaisseur den allerbesten und unvergleichlichen Schmelz beschert.

Mit diesem Wissen ist man allerdings von der Eröffnung einer feinen Schokoladenfabrik noch meilenweit entfernt. In der Praxis ist die Herstellung noch komplizierter als hier geschildert. Wenn nicht wirklich alles stimmt, ist das Endergebnis einfach nicht gut. Und für den Fall, daß die harten Kriterien der Schokoladentester nicht erfüllt werden, dürfte die Nachricht von einer neuen Fabrik ohnehin eher bitter ausfallen.

Die Handelsvereinigung der Schweizer Schokoladefimen ist da beispielsweise recht emotions- und gnadenlos, was die wichtigsten Punkte bei der Prüfung einer Schokolade betrifft. Das sind im Wesentlichen vier: Sicht, Bruch, Duft und Geschmack. Gute Schokolade hat einen seidigen, fleckenlosen Glanz. Der kleinste weiße Rand und das Stück ist unten durch. Diese in der Fachsprache „Reif" genannte Verfärbung entsteht durch zu hohe Lagertemperaturen. Wenn die Schokolade nach kurzem Anschmelzen wieder aushärtet, entstehen diese häßlichen Ränder. Ist die Sichtprüfung bestanden, folgt der Daumentest. Der Bruch einer guten Schokolade sollte hart klingen. Mit anderen Worten, es muß knacken. An den Bruchflächen darf es auf keinen Fall bröseln. Schokolade duftet, Punkt drei, niemals vordergründig, sondern ausgewogen, voll und rund. Punkt vier: endlich im Munde angelangt, zergeht gute Schokolade butterweich auf der Zunge und verströmt ihr feines, zartes Aroma. Dabei fühlt sie sich völlig homogen an und nicht etwa sandig. Auch Schokolade, die am Gaumen pappt, wird den Testesser verstimmen.

**D**ie schönsten Nebensachen der Welt sind meist selten oder teuer. Im schlimmsten Fall beides. Nur bei der Schokolade liegen die Dinge glücklicherweise ganz anders. Schokolade ist eine Art Trip auf die kulinarische Jedermann-Insel. Man darf sozusagen immer und überall.

Das ist in erster Linie ein Verdienst, und das muß an dieser Stelle einfach mal deutlich gesagt werden, der ganz großen Namen der Schokoladen-Geschichte. Denn nur der Einfallsreichtum und die Beharrlichkeit der großen Pioniere konnte die Schoko-Revolution so richtig in Gang und damit ein Stück vom Glück in aller Munde bringen. Die Rede ist hier von innovativen Ideen und mutigen unternehmerischen Entscheidungen. Vom Einsatz bizarrer Produktionsmonster in den ersten großen Fabriken, von stummen Verkäufern, von farbigen Kühen, von gipfelförmiger Schokolade, vom Knick-Effekt und von verbrauchter Energie, die zurückkommt. Aber immer hübsch der Reihe nach:

Hätten Fry & Sons, Englands schokophile Vorreiter, nicht schon 1795 erstmals die Dampfmaschine eingesetzt, um ihre Bohnen zu mahlen, dann wären die köstlichen Kakaobarren wahrscheinlich ewig lange eine elitäre Spezialität geblieben. Ende des 19. Jahrhunderts war es dann Rudolf Lindt, der einen Meilenstein setzte. Ihm und seiner unter derben Qualitätsmängeln leidenden Schokolade haben wir maßgeblich die Kultivierung des feinen Schmelzes zu verdanken. Lindt erfand in der Not die „Conche", eine Längsreibemaschine, mit der er seiner Schokolade eine entscheidende Wende bescherte, von der später alle Marken profitieren sollten.

Ludwig Stollwerck verhalf sein ausgeprägter Faible für technische Innovationen zu einem sensationellen Erfolg. Der Schokoladenfabrikant heuerte den Erfinder Max Sielaff an, um einen stummen Verkäufer zu entwickeln. 1887 standen die ersten zwei Meter hohen, 150 Kg schweren Schoko-Münz-Automaten in Berlin. Ihr Design, oder besser gesagt ihre Architektur, hatte die Ausstrahlung einer gotischen Kathedrale. Der Abverkauf steigerte sich tatsächlich in göttliche Regionen. Zu bestaunen sind diese Monumente der Schokoladenhistorie heute neben vielen anderen Kuriositäten im internationalen Schokolade-Museum in Köln.

Natürlich waren es auch immer wieder geniale Marketing- und Werbestrategien, die der Schokolade einen enormen Vortrieb gaben. Der Sarotti-Mohr zum Beispiel verbreitete die Botschaft des Berliner Werkes bereits in den 20er Jahren bis nach Japan, Australien und Amerika. Selbst heute zählt er noch zu den bekanntesten Symbolen der Branche.

Zum legendärsten Verkaufsschlager aller Zeiten aber wurde eine auf den ersten Blick völlig absurde Idee: die lila Kuh. Sie wurde für Milka in einer Zeit erfunden, als über Gen-Manipulation kaum jemand nachdachte. Nach diesem liebenswerten Muhtanten von Suchard verzehren sich Millionen Menschen. Was für eine Glanzleistung nebenbei, eine solche Idee durchzusetzen. Man stelle sich einmal vor, es gäbe keine lila Kuh und man würde heute in die Marketingabteilung von Kraft-Jacobs-Suchard hereinplatzen um zu verkünden: „Hey Leute, ich habe da eine fabelhafte Idee, wir machen eine lila Kuh!" Die Herren vom Werksschutz würden wahrscheinlich unter beruhigenden Worten in eine weiße Jacke helfen und zum Ausgang geleiten.

Der harte Kampf um Marktanteile brachte schließlich viele ungewöhnlich gute Produkte hervor. Die besten konnten sich bis heute durchsetzen und haben ihren festen Platz in so ziemlich jedem Hinterkopf. Da findet sich zum Beispiel mit Sicherheit die Toblerone. Diese dreieckige Schokolade wurde durch Rezeptur und Form zum Gipfel der Genüsse. Eine „Schlauchbeutelverpackung mit Knick-Effekt" und die passende Erkenntnis, daß Schokolade quadratisch, praktisch und gut sein kann, hievte die Ritter Sport in den Klassikerstatus. Ein gewisser Herr Mars löste mit seinem Schokoriegel gar ein Problem kosmischen Ausmaßes: Retransport verbrauchter Energie.

In den letzten Jahren wurde besagtes Gerangel um die Gunst der Verbraucher allerdings immer heftiger. Selbst die kleinste Marktnische ist mittlerweile besetzt und die Suche nach neuen Ideen treibt bisweilen merkwürdige Blüten. Die Großen der süßen Welt schenken sich jedenfalls keinen Millimeter im Regal. Und wenn da noch einer rein will, dann muß wohl oder übel ein anderer raus. Hier ist es wie mit dem letzten Stückchen Vollmilchnuß in geselliger Runde: Bei der Schokolade hört die Freundschaft auf.

LIEBE

EBE

Es gibt eine Menge Visionen, die nicht gerade vor Optimismus strotzen. George Orwells Roman „1984" gehört in ganz besonderer Weise dazu. Denn hier wird eigentlich kaum etwas ausgelassen, was einem den Blick nach vorn vermiesen könnte. Noch nicht mal eine düstere Phantasie zum Thema Schokolade. In der totalitären Gesellschaft dieses Romans gab es sie zwar noch, die Schokolade, aber in einer so miserablen Qualität, daß niemand mehr Lust darauf hatte (billige Luftschokolade könnte ein Vorbote dieser schlimmen Zeit sein). Aber dann erfährt die Geschichte, jedenfalls für einen Moment, doch noch eine hoffnungsvolle Wende.

Orwells Romanfigur Julia nämlich besaß noch ein wenig Schokolade aus früheren, glücklichen Zeiten und machte sie Ihrem Geliebten Winston Smith zum Geschenk. Überwältigt von dem Geschmackserlebnis kommen in Winston alte Erinnerungen hoch Die beiden vergessen sich und ein weiteres Verbot: Sie beginnen sich zu lieben.

Hier kommt auf wunderschöne Weise zusammen, was scheinbar schon immer zusammengehörte: Schokolade und Sex. Eine untrennbare Liaison – mit lupenreiner Historie. Casanova soll damals das dunkelbraune Getränk als wirksames Aphrodisiakum benutzt haben. Mit Erfolg, wie man heute weiß. Ob er nun eher auf die wertvollen Inhaltstoffe gesetzt hat oder mehr auf die erotischen Qualitäten des zarten Schmelzes, ist immer noch umstritten. Eigentlich ist das aber auch gar nicht so entscheidend, denn jeder weiß, daß Schokolade in dieser Hinsicht zuverlässig funktioniert.

Mary Francis Kennedy Fischer
über Schokolade in Ihrem Buch „An Alphabet for Gourmets"

„DIESE ART
VON LEIDENSCHAFT,
VON DER ICH SPRECHE,
EINE ROMANTISCHE, ...,
HAT MIT SEX ZU TUN, MIT
DEM GEBEN UND NEHMEN,
DEM HERAUSPUTZEN UND
PARADIEREN, UND DEM
ENDGÜLTIGEN TRIUMPH ODER
VERLUST ZWISCHEN ZWEI
MENSCHEN, DIE BEWUSST
ODER UNBEWUSST GENUG
WISSEN, UM SICH DEN HOF
SOWOHL MITTELS NAHRUNG
ALS AUCH MITTELS
SCHMEICHELEI ZU MACHEN."

Und da wir schon mal beim Thema sind, sollten an dieser Stelle ein paar Dinge einfach mal aus dem Dickicht der Vermutungen und Spekulationen herausgelöst und als Tatsachen akzeptiert werden:

Fest steht, daß es zu praktisch allen Formen der Liebe, von der romantisch-verklärten über die neckisch-verspielte bis zur unkontrolliert-eruptiven eine passende Schokoladensorte gibt.

Ebenfalls unstrittig ist, daß gegenseitiger Schokoladenentzug in der Partnerschaft zu Unstimmigkeiten führen kann. Wichtige Rollenspiele wie das Verschenken von Schokolade, das Teilen und das gegenseitige Füttern entfielen. Mißtrauen stattdessen würde sich breitmachen.

Eine weitere gesicherte Erkenntnis ist, daß Liebesentzug beinahe zwangsläufig zu überhöhtem Schokoladenkonsum führt.

Aus diesen Zusammenhängen lassen sich eine Reihe von Grundregeln für jede Beziehung ableiten. Auf den Punkt gebracht: Wer erkennt, was Schokolade zu leisten im Stande ist, wird schlicht und einfach glücklich werden.

Vielleicht war es nicht ganz fair, ihr schon wieder diese alten Macken vorzuhalten. Eigentlich hatte man ja selbst genug davon und das Thema war auch schon zur Genüge durchgekaut. Auf der anderen Seite bot sich dieser Abend geradezu an, wenigstens eine kleine Krise zu provozieren. Vielleicht könnte man dann ja im richtigen Moment beleidigt abhauen. Wenigstens auf ein Bier mit den Jungs.

Aber diesmal war sie schneller. Einfach weg, ohne Erklärung, ohne Chance auf wenigstens ein minimales Zugeständnis. Und das Schlimmste: ohne ein einziges Lebenszeichen seit drei Tagen. Um ehrlich zu sein, es wurde langsam öde ohne sie. Und dann kam da auch die quälende Frage auf, bei wem sie wohl sein könnte, was selbst das Durchtelefonieren der besten Freundinnen nicht klären konnte. Die meisten waren dabei auch noch ekelhaft freundlich.

Es war einer dieser klassischen Abende: zu früh, um ins Bett zu gehen, und außerdem war es natürlich fünf nach Zehn. Exakt fünf Minuten zu spät, um am Kiosk zucker- und kohlenhydrathaltige Surrogate erbeuten zu können. Es gab da nämlich dieses undefinierbare Gefühl im Körper, eine Mangelerscheinung zu haben.

Was könnte das sein? Die Intuition steuert den mittlerweile unter stärker werdendem Entzug leidenden Körper direkt in die Küche. Ein unentschlossener Kontrollblick in den Kühlschrank: nichts. Nur Marmelade, ein wenig angetrockneter Käse, eine halb leere Dose Katzenfutter und eine seit Tagen offene Bordeauxflasche, deren Inhalt bestenfalls noch für eine zweitklassige Vinaigrette getaugt hätte.

In diesem Moment durchzuckt der erlösende Erkenntnissto3 die Großhirnrinde – Schokolade, verdammt noch mal! Hätte man auch gleich drauf kommen können. Da ist man jahrelang quasi abhängig und im entscheidenen Moment weiß man nicht mal wovon.

Aber wo in diesem Chaos könnte sich hier etwas kakaohaltiges verbergen? Scharf nachdenken ist jetzt überlebenswichtig. Daß sich der gesamte Verstand bereits im Endstadium der Vorfreude befindet, fördert nicht gerade die Konzentration. Aber egal, wir haben jetzt ein Problem und wir werden es systematisch lösen. Nuß-Nougat-Creme im Gemüsefach? Fehlanzeige. Kuvertüre? Im Oberschrank, zwischen den backpulver-vermehlten Aromafläschchen vielleicht: leider nicht. Ach ja, da waren doch noch die vertrockneten Cognacbohnen von Tante Uschis letztem Besuch. Ein Jammer ist das: im Überfluß der Weihnachtszeit einfach entsorgt. Was für eine Arroganz.

Aber dann endlich passiert's. Daß diese eiserne Reserve noch existiert – ein unglaublicher Beweis jahrewährender Disziplin: ganz hinten links, die angebrochene Tüte, von damals als Christiane ihren runden Geburtstag gefeiert hatte. Oh, mein Gott, das sind sie wahrhaftig! Die Schokostreusel aus dem Marken-Discounter. Was für ein Wiedersehen. Die Tüte, noch gut dreiviertel voll, einhändig hart stranguliert, damit ja nichts daneben geht, wird vorsichtig aus der hintersten Ecke gehievt. Was für ein unschätzbarer Wert in dieser einsamen Stunde. Ein wenig verklumpt vielleicht, aber das macht ja nichts. Also Kopf in den Nacken und rein damit.

Ahh, was für eine Erlösung! Ein wenig ermattet sinkt der Körper in einen der umherstehenden Küchenstühle, während der zähe Schokostrom sich gemächlich einen Weg durch den Rachen bahnt.

Langsam befördert das Unterbewußtsein nun auch ein Geräusch an die Oberfläche. Es hatte schon die ganze Zeit irgendwo im Hintergrund genervt. Jetzt war es auf einmal ganz deutlich da. Tatsächlich, es klingelt an der Tür. Aber wen kümmert das schon?

# DAS GLÜCK IST DAS EINZIGE, WAS SICH VERDOPPELT, WENN MAN ES TEILT.

Albert Schweitzer

Um herauszufinden, ob Schokolade tatsächlich in irgendeiner geheimnisvollen Verbindung zum Glück und zur Liebe steht, gibt es eigentlich nur zwei Möglichkeiten: Eine längere Reihe von Selbstversuchen, die zumindest zu einem individuell richtigen Ergebnis führen würde. Oder die rein Wissenschaftliche, genauer gesagt die Biochemische. Hier ist die geliebte Schokolade nicht mehr und nicht weniger als eine nüchtern zu betrachtende Laborsubstanz, die analytisch in ihre Bestandteile zerlegt und in der Wirkung auf den menschlichen Organismus untersucht wird. Insbesondere natürlich im Hinblick auf den Kakao. Und der, soviel sei vorweggenommen, hat es in sich.

Wenn die Wissenschaftler also nicht selbst der Schokomanie verfallen und damit befangen waren, dann kann man den überraschenden Ergebnissen durchaus trauen.

Schokolade enthält etwa 300 verschiedene Substanzen. Darunter so stimulierende wie Koffein und das weniger bekannte Theobromin. Zum Vergleich: eine Tafel dunkle Schokolade hat nicht ganz soviel Koffein wie eine Tasse Kaffee, aber ein Vielfaches von dem weniger wirksamen Theobromin.

Serotonin ist eine Art Gute-Laune-Stoff. Er wird im Gehirn verstärkt abgebaut, wenn der Mensch zu wenig Tageslicht bekommt. Mit Schokolade soll man da nachhelfen können. Normalerweise bildet der Körper Serotonin durch den Insulinausstoß nach jedem Zuckerkonsum. Die Kakaobutter allerdings unterstützt diesen Effekt: Der Spiegel, und damit die Laune, bleiben für viele Stunden oben.

Da wir gerade beim Zucker sind: Wer sich über längere Zeit konzentrieren muß, kennt diesen plötzlichen Heißhunger auf Süß. Das liegt daran, daß Hirnzellen ausschließlich durch die Energiegewinnung aus Traubenzucker arbeiten. Der Zucker ist dabei so etwas wie ein Turbo. Direkt nach dem Genuß steigt der Blutzuckerspiegel rasch an. Zur Einschleusung des Zuckers in die Zellen schüttet der Körper dann sofort eine starke Dosis Insulin aus. Dadurch wiederum wird der Blutzucker kurzfristig abgebaut und man fällt in das gleiche Konzentrationsloch wie zuvor. Befand sich der aufgenommene Zucker jedoch in einem Stück Schokolade, dann liegt der Fall ein wenig anders: der Kakao legt mittelfristig nach. Denn Kakao enthält Stärke und aus Stärke gewinnt das Gehirn die benötigte Energie über einen vergleichsweise langen Zeitraum.

Schokolade enthält auch, gemessen an anderen Nahrungsmitteln, außergewöhnlich viel Phenyläthylamin. Hinter diesem unaussprechlichen Wort verbirgt sich eine Substanz, kurz PEA genannt, die man als reinen „Glücksfall" in der Biochemie bezeichnen könnte. Man findet sie vornehmlich in optimistischen, erfolgverwöhnten und fröhlichen Menschen. Eben denen mit der rosaroten Brille auf der Nase. Im Umkehrschluß lag es natürlich nahe, zu vermuten, das es deprimierten Menschen genau an diesem amphetamin-ähnlichen Stoff mangeln würde. Und tatsächlich: Gehörnte, Verlassene, Einsame oder sonstwie Trübsinnige leiden unter einem verdächtig niedrigen PEA-Spiegel. Natürlich wäre es ein fatalistischer Ansatz, daraus zu schließen, Schokolade sei eine Art Partnerersatz. Aber wer wüßte nicht aus eigener Erfahrung, daß die Neigung zum Kompensieren nur allzu menschlich und damit der Griff zur Schokolade bereits programmiert ist? Außerdem muß man ja nicht, wie der Schokoladenliebhaber weiß, alles so negativ betrachten. Im Prinzip spricht nämlich nichts dagegen, auch als glücklicher Mensch Schokolade zu essen. Die Chance dadurch überglücklich zu werden ist jedenfalls relativ hoch.

Doch zurück zu den Fakten: Wissenschaftler des „Neurosciences Institute" in San Diego entdeckten einen Zusammenhang zwischen Schokolade und Cannabis, der Pflanze, aus der Marihuana gewonnen wird. Sie stützten sich dabei auf einen 1996 erschienen Artikel in der Zeitschrift „Nature", einer redaktionellen Instanz unter Wissenschaftlern. Bei der Analyse von Kakaopulver stießen die Forscher auf das Anandamid, einer Chemikalie, die sowohl in Cannabis wie auch im menschlichen Gehirn vorkommt und bekannt ist als Ursache für Glücksgefühle bis hin zur Euphorie. Anandamide sind Neurotransmitter, also Botenstoffe, die Informationen an die Steuerzentrale im Kopf weiterleiten. Normalerweise wird diese Substanz im Körper selbst gebildet.

Die von außen zugeführte Schokoladenversion bringt allerdings noch eine ganz andere Eigenschaft mit: sie blockiert die Enzyme, die das Anandamid wieder abbauen und verhindert zusätzlich die Zerstörung der hirneigenen Anandamide. Folge: die Substanz häuft sich immer weiter an. Im Prinzip zu schön um wahr zu sein.
Die Frage ist nur, welche Dosis über welchen Zeitraum der Mensch braucht, um davon etwas zu spüren. Eine Antwort gab Christian Felder vom „National Institute of Mental Health": 25 Pfund Schokolade auf einmal entsprächen so in etwa einer Cannabis-Ration für einen 65 Kilo schweren Menschen.
Erhebliches Suchtpotential birgt indes etwas bis hierhin völlig außer Acht gelassenes, nämlich der Psycho-Effekt. Schokolade ist, was unsere angeborenen Nahrungspräferenzen angeht, ein absoluter Volltreffer: süß und fett. Die zart schmelzende Kakaobutter verteilt Streicheleinheiten an den Gaumen und die Geschmacksnerven möchten, ob der feinen Süße, vor Freude überschnappen. Das Gehirn bekommt augenblicklich die Meldung von einer über alle Maßen erfolgreichen Nahrungssuche und quittiert das mit einer kleinen Belohnung, mit psychischer Aufhellung.
Irgendetwas muß wohl dran sein, an all diesen wissenschaftlichen Theorien. Die Erkenntnisse werden in gewisser Weise schon dadurch bestätigt, daß sich eigentlich die halbe Welt permanent mit schokolade-verschmiertem Mund gegenübersteht. Allein auf deutschen Zungen zergehen jedes Jahr mehr als 800.000 Tonnen des braunen Stoffes. Man stelle sich das einmal bildlich vor: Ein Stück Schokolade hat etwa 4,17 Gramm, demzufolge hat allein der Deutsche 192 Milliarden mal zugebissen. Vielleicht liegt's an den guten Zutaten...

SCHOKOLADE — ZARTSCHMELZENDE POESIE ODER NUR CREMIGSÜSSE KALORIENBOMBE? DARÜBER HAT SICH SCHON SO MANCHER DEN KOPF ZERBROCHEN, EIN ODER ZWEI STÜCK- CHEN PROBIERT, DANN VIELLEICHT NOCH EINS, UM SCHLIESSLICH NACH EINER TAFEL DEN BESCHLUSS DARÜ- BER ZU VERTAGEN UND SICH ENER- GIEGELADEN WICHTIGEREN DINGEN ZU WIDMEN. WER DARÜBER AUCH DAS ESSEN VERGISST, DER NIMMT BESTIMMT KEIN GRAMM ZU.

**DER MENSCH IST MENSCH,
WEIL ER SELBSTBEHERRSCHUNG ÜBEN KANN,
UND NUR INSOWEIT,
ALS ER SELBSTBEHERRSCHUNG ÜBT.**

Mahatma Gandhi

**K**ommen wir zur alles entscheidenden Frage: Macht Schokolade wirklich dick? In vielen Haushalten stellt sich ausgerechnet diese Frage kurz nach Mitternacht, im fahlen Licht vor einer weit geöffneten Kühlschranktür. Dann steht man da, nach einem schwerer Tag, an dem der gestreßte Körper unter dem Dauerbeschuß von inhaltlosen Kohlehydraten und gesättigten Fettsäuren stand, schiebt sich genüßlich ein paar Riegel Schokolade rein, und kommt in einem Anfall augenblicklich einsetzender Reue zur einzig wahren Erkenntnis: Kein Zweifel, das Zeug macht dick!

Nun – Hand auf die Hüfte: Die Frage ist doch nicht, welcher Tropfen das Faß zum Überlaufen bringt. Und deswegen ist es an der Zeit, endlich einmal eine Lanze zu brechen, für den beliebtesten und gleichwohl am meisten verteufelten Genuß überhaupt. Schokolade allein macht nämlich nicht dick.

Nähern wir uns also dem Thema von der anderen Seite: Was ist mit der Butter auf dem Brot? Sind zwei Löffel Zucker im Kaffee vielleicht harmlos, wenn man täglich 10 Tassen trinkt? Und stehen die zweifinger-dicken Käsestückchen nach 20 Uhr der Wespentaille etwa richt im Wege? Einzeln betrachtet fällt das gar nicht so ins Gewicht, insgesamt aber spielt es eine Rolle.

Und dann sind da auch noch die drei unumstößlichen Mahlzeiten, die sich einfach bewährt haben, im ständigen Kampf gegen die Unterernährung. Das beginnt mit den zwei Weißmehlbrötchen und dem Croissant zum Frühstück, für den guten Start in den Tag. Das geht munter weiter mit dem warmen Mittagessen, man braucht ja mal einen Break. Und das hat mit dem deftigen Abendbrot noch lange kein Ende, schließlich hat man es redlich verdient, das Bierchen dazu sowieso. In der Regel gibt es dann noch ein paar Snacks zwischendurch, auf jeden Fall aber zum Fernsehen. Das Wichtigste n cht zu vergessen: bloß keine Bewegung, man könnte ja ins Schwitzen geraten. Das macht dick! Und nicht etwa der Riegel Schokolade cder die drei Pralinés, die dann am Ende zum Sündenbock gestempelt werden. Es sind die schlechten Eßgewohnheiten, die das Zünglein an der Waage in die falsche Richtung ausschlagen lassen.

Wer sich vernünftig ernährt und es eher mit dem bewußten Genuß hält als mit der achtlosen Völlerei, der wird sich keine überflüssigen Röllchen züchten. Ganz nebenbei stellt sich ein weiterer Effekt ein. Das erlaubte Stück Schokolade macht einfach viel mehr Spaß, weil das schlechte Gewissen entfällt. Was wäre das auch für ein armseliger Genuß, wenn dem Genießer ständig die Reue im Nacken säße?

Bei der Schokolade selbst gibt es übrigens auch noch gewichtige Unterschiede. Die eine bringt mehr Potential zum Ansetzen mit, die andere weniger. Wer es mag, dem seien in jedem Fall die Sorten mit höherem Kakaoanteil empfohlen. Der Bitterschokolade wird keine zusätzliche Kakaobutter hinzugefügt und sie enthält weniger Zucker als andere Sorten. Insofern kann man sie auch öfter genießen. Bei den Pralinés sind diejenigen vorzuziehen, die mit frischer Sahne zubereitet wurden. Das klingt zunächst mal absurd, ist aber bei genauerer Betrachtung einleuchtend. Die frischen Pralinés enthalten die 30%ige Sahne und dafür weniger 100%iges Pflanzenfett.

Wenn er sie richtig in den gesamten Speiseplan einbaut, kann der bewußte Genießer mit seiner Schokoladenliebe sehr gut leben. Und vor allem läßt er sich nicht durch verknöcherten Purismus die Laune verderben.

Solange aber nur von Inhaltstoffen, Kalorien und Kohlehydraten eines Nahrungsmittels die Rede ist, solange wird Schokolade unter Gesundheitsaposteln schlecht abschneiden. Demnach lebt gesund, wer vor einer Schale selbstgeschrotetem Müsli sitzt. Auch dann, wenn das Gesicht dabei so lang wird, daß das Kinn bis in die Milch ragt.

Ob man damit glücklich wird, ist freilich eine ganz andere Frage. Und daß Glück in der Gesundheit eine wesentliche Rolle spielt, ist heute auch in Fachkreisen nicht mehr umstritten.

# DER APPETIT KOMMT MIT DEM ESSEN, ABER NOCH HÄUFIGER MIT DEM FASTEN.

Willy Millowitsch, dt. Schauspieler und Theaterleiter

CREA
C
CREATIO

TION

REATION

N

# Die Basiszutaten für selbstgemachte Schokoköstlichkeiten.

### Bitterschokolade

Bitterschokolade, auch Edelbitterschokolade genannt, muß mindestens 60% Kakaoanteil haben. Sie hat einen besonders starken Kakaogeschmack und einen verringerten Zuckergehalt.

### Halbbitterschokolade

Halbbitterschokolade hat ein kräftiges Aroma und ist hervorragend für Backwaren, Desserts und andere Süßspeisen geeignet.

### Milchschokolade

Milchschokolade hat eine mildere Geschmacksnote, denn hier wurde ein Teil des Kakaos durch Milchbestandteile ersetzt. Am besten verwendet man die Milchschokolade nur in Rezepten, in denen das ausdrücklich vorgesehen ist.

### Weiße Schokolade

Weiße Schokolade ist streng genommen gar keine Schokolade, denn ihr fehlt die Kakaomasse. Sie wird hergestellt aus der farblosen Kakaobutter, Milch und Zucker. Im allgemeinen wird sie nicht zum Kochen und Backen verwendet. Wer dennoch damit experimentieren möchten, sollte beim Schmelzen ganz behutsam zu Werke gehen, weil weiße Schokolade schnell klumpig und fest wird.

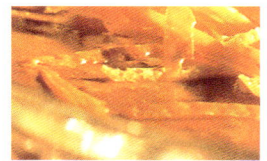

## Kuvertüre

Profis benutzen im allgemeinen Kuvertüre. Schokoladenkuvertüre, auch Schokoladenüberzugsmasse genannt, enthält einen hohen Anteil an Kakaobutter. Das macht sie besonders geschmeidig und glänzend. Kuvertüre sollte vor Gebrauch richtig temperiert werden. Der Aufwand ist nicht unbeträchtlich, lohnt sich aber in jedem Fall, wenn man viel mit Schoklade arbeitet. Kuvertüre ist einfach unübertroffen für das Überziehen und Ausformen. Zum Temperieren nimmt man am besten ein Thermometer zu Hilfe. Die Kuvertüre wird zunächst in kleine Stücke zerbrochen, im heißen Wasserbad unter ständigem Rühren geschmolzen und auf 38°C bis 46°C erhitzt. Dann wird sie in einem kalten Wasserbad auf 27°C bis 28°C, ebenfalls unter ständigem Rühren, wieder abgekühlt, um dann auf ihre eigentliche Arbeitstemperatur von 31°C bis höchstens 32°C gebracht zu werden.

## Kakaoglasur

Kakaoglasur sollte nicht mit Schokolade oder mit Milchschokolade verwechselt werden, denn bei ihr ist die Kakaobutter durch Kakao und Palmkernöl oder andere Pflanzenfette ersetzt worden. Sie ist viel billiger als Halbbitterschokolade und, da auch leicht schmelzbar, sehr einfach in der Anwendung. Kakaoglasur ist gut geeignet für dekorative Schokoladenrezepte und zum Abdecken und Überziehen von Kuchen, weil sie eine gleichmäßige Oberfläche garantiert. Der einzige Nachteil ist, daß der Geschmack nicht ganz so kräftig ist wie bei der Halbbitterschokolade.

## Kakaopulver

Zur Herstellung von Kakaopulver wird der Kakaomasse die Kakaobutter entzogen. Der so entstandene Presskuchen wird anschließend zu Pulver gemahlen. Holländischer Kakao ist dunkler und durch die Behandlung mit Alkalien milder als andere Sorten. Gesiebtes Kakaopulver läßt sich leicht mit anderen trockenen Zutaten vermischen. Für manche Rezepte empfiehlt es sich, aus dem Kakaopulver und heißem Wasser vorher eine homogene Paste anzurühren.

## Gezuckertes Kakaopulver

Gezuckertes Kakaopulver hat meist einen recht hohen Zuckeranteil, wodurch es sehr mild und süß schmeckt. Neben der Zubereitung von Getränken kann man es auch zum Bestäuben von Backwaren oder Pralinés verwenden.

## Schokoladenbaiser

**Zutaten für 6–8 Stück**
**Für die Baisers:**
- 3 Eiweiß
- 75 g sehr feiner Zucker
- 75 g gesiebter Puderzucker
- 25 g ungesüßtes, gesiebtes Kakaopulver

**Für die Füllung:**
- 150 ml Schlagsahne
- 1 EL brauner Zucker
- 2 TL ungesüßtes, gesiebtes Kakaopulver

Das Eiweiß schlagen, bis die Masse steife feinporige Spitzen zeigt. Nach und nach den feinen Zucker dazugeben, dann den Puderzucker und das Kakaopulver unterziehen. Nun das Backblech mit Pergamentpapier auslegen. Aus der fertigen Mischung mit dem Löffel kleine Kugeln ausheben und auf dem Backblech verteilen. 2–3 Stunden im Ofen bei 110°C trocknen und anschließend auf dem Kuchengitter abkühlen lassen.

Für die Füllung wird zuerst die Sahne steif geschlagen. Danach den Zucker und das gesiebte Kakaopulver vorsichtig unterheben. Die Füllung kommt nun zur weiteren Verarbeitung in einen Spritzbeutel mit großer Sterntülle. Die Hälfte der Baisers auf den Rücken drehen, so daß die flache Seite oben ist, die Füllung in Spiralen aufspritzen und jeweils mit einem weiteren Baiser zudecken.

## Brownies

150 g Zartbitterschokolade
150 g Zucker
2 Eier
80 g Butter
100 g Mehl
30 g Speisestärke
1/2 TL Backpulver
1 Prise Salz
100 g Walnußkerne

Die zerkleinerte Schokolade im Wasserbad schmelzen. Eier und Zucker schaumig rühren und mit der Schokolade sowie der zerlassenen Butter mischen. Mehl, Stärke, Backpulver durchsieben und zusammen mit dem Salz und den gehackten Walnüssen darunterrühren. Die Brownies werden mit Hilfe eines Teelöffels geformt und auf einem mit Backpapier ausgelegten Blech abgesetzt. Nach 10–12 Minuten im auf 180°C vorgeheizten Ofen sind die Brownies innen noch weich und damit genau richtig.

## Schokoladen-Orangen-Mousse

**Zutaten für 8 Portionen:**
**175 g Halbbitterschokolade**
**fein geriebene Schale einer ungespritzten Orange**
**3 Eier, getrennt**
**2–3 EL Curaçao Orange**
**225 ml Schlagsahne**

Die Schokolade im Wasserbad schmelzen und vom Herd nehmen. Orangenschale, Eigelb und Likör dazugeben, gut verrühren und ein wenig abkühlen lassen. Die Sahne cremig, das Eiweiß steif schlagen. Sahne und Eischnee langsam unter die Schokoladenmischung heben, in 8 Dessertschalen füllen und im Kühlschrank über Nacht fest werden lassen.

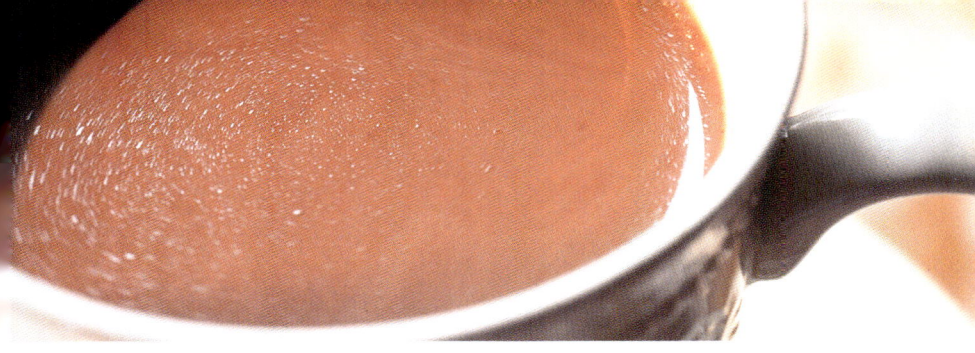

### Heiße Trinkschokolade

**200 g Vollmilch- oder Halbbitterschokolade**
**300 ml Wasser**
**400 ml Milch**
**Zucker und Sahne nach Belieben**

Die Schokolade unter ständigem Rühren in dem erhitzten Wasser auflösen. Die zuvor kurz aufgekochte Milch hinzugeben und das Ganze mit dem Schneebesen ein wenig schaumig schlagen.

### Lumumba

4 Teile eisgekühlten Kakao im Shaker mit 1 Teil Cognac und drei Eßlöffeln zerstoßenem Eis mischen. Der exotische Drink wird in einem hohen, schmalen Glas mit Halm serviert. Vorsicht: Lumumba schmeckt harmlos, ist es aber nicht!

**Früchte im Schokohemd**

**450 g frische Früchte**
**450 g Bitterschokolade**

Die Schokolade langsam im Wasserbad schmelzen und warm halten.
Die Früchte waschen und gut abtrocknen. Wenn möglich Blätter und
Stiele nicht entfernen. Größere Früchte werden in dekorative Stücke
geschnitten: die Sternfrucht zum Beispiel in sternförmige Scheiben,
Äpfel und Birnen in Spalten, Bananen in kleine Tönnchen.
Angeschnittene Früchte sollten mit Hilfe eines Holzspießchens im
Ganzen mit Schokolade überzogen werden. Das ist wichtig, damit
keine Verfärbungen sichtbar werden.
Alle anderen Früchte werden jeweils nur zur Hälfte mit Schokolade
überzogen, damit ein wenig Farbe ins Spiel kommt.
Nach dem Tauchen werden die Früchte auf einem großen Stück Per-
gamentpapier zum Abkühlen und Trocknen ausgelegt.
Gezuckerte und getrocknete Früchte können übrigens auf die gleiche
Weise mit Schokolade überzogen werden.

## Sachertorte

**Für den Boden:**
170 g Zartbitterkuvertüre, 110 g Mehl,
40 g Puderzucker,  160 g Butter, 8 Eigelb, 7 Eiweiß,
130 g Zucker, 30 g gehackte Mandeln

**Für die Füllung:**
100 g Aprikosenkonfitüre

**Für den Schokoladeüberzug:**
100 g Vollmilchkuvertüre, 20 g Honig,
75 ml Kondensmilch

Die Sachertorte hat es in sich. Nicht, daß sie mehr Kalorien hätte als andere. Nein, in diesem Punkt gibt es weitaus gewichtigere Kreationen. Aber sie ist gefüllt mit juristischem Zündstoff, der einen über Jahrzehnte währenden Streit darüber auslöste, wer denn nun das Recht hätte, der Torte ihren Namen zu geben. Vorläufiger Gewinner ist, wie der Name schon sagt, das vornehme Haus Sacher in Wien. Für dieses überaus köstliche patissiere Politikum gibt es diverse Rezept-Varianten.  Dieses hier ist nur mit Aprikosenkonfitüre gefüllt:
Die Zartbitterkuvertüre langsam im Wasserbad schmelzen. Butter und Eigelb schaumig schlagen, dann den Puderzucker durch ein Sieb einrieseln lassen und schließlich vorsichtig die flüssige Kuvetüre unterrühren. Nun werden Eiweiß und Zucker zu einem cremigen Schaum aufgeschlagen. Ein Drittel dieser Mischung wird solange unter die Buttermasse gerührt, bis eine homogene Konsistenz erreicht ist. Danach die anderen Zweidrittel der Eiweiß-Zucker-Mischung zusammen mit dem gesiebten Mehl und den Mandeln ebenfalls in die Buttermasse einrühren. Die gesamte Masse wird nun in eine Springform mit 26cm Durchmesser gefüllt und im vorgeheizten Ofen bei 170°C etwa 90 Minuten gebacken. Der Teig soll anschließend in der Form vollständig auskühlen. Dann den Boden aus der Form herausnehmen, die Oberfläche begradigen und die Scheibe horizontal in der Mitte teilen. Die eine Hälfte wird mit der Aprikosenkonfitüre bestrichen, die andere Hälfte wieder aufgesetzt.
Für den Schokoladeüberzug wird die Vollmilchkuvertüre im Wasserbad geschmolzen und mit dem Honig und der Kondensmilch vermischt.

# Kalte Schnauze

**250 g Kokosfett**
**125 g Puderzucker**
**1 Päckchen Vanillin-Zucker**
**50 g Kakao**
**1/2 Fläschchen Rum-Aroma**
**2 Eier**
**250 g–300 g Butterkekse**

Manche nennen diesen Kekskuchen auch „Kalter Hund" oder „Tante Ursel's Schokodroge". In jedem Fall handelt es sich dabei um den absoluten Hit auf Kindergeburtstagen, weil es die Eltern ruhigstellt. Im Eßzimmer, dort wo sie gerade noch saßen und aufgeregt durcheinander schnatterten, da wird es dann plötzlich ganz still – jemand hat die kalte Schnauze aufgeschnitten...

Und so wird sie gemacht: Das Kokosfett schmelzen und bei lauwarmer Temperatur sorgfältig mit den anderen Zutaten verrühren. Puderzucker und  Kakao werden vorher gesiebt. Die Butterkekse werden lagenweise, abwechselnd mit der Kakaomasse in eine Kastenform geschichtet. Die unterste und die oberste Schicht ist Kakaomasse. Die 20 x 11 cm große Kastenform sollte vorher mit Pergamentpapier ausgelegt werden, damit die kalte Schnauze sich nach dem Abkühlen im Kühlschrank leicht herausnehmen läßt. Der Kekskuchen wird mit einem großen, dünnen Messer in Scheiben geschnitten. Eine leicht wippende Schneidebewegung sorgt für saubere Schnittflächen.

## Nougattütchen

**4 EL Sahne**
**100 g Zartbitterkuvertüre**
**200 g Nußnougat**
**1 EL Butter**
**starke Goldfolie aus dem Bastelbedarf**

Das Nougattütchen ist ein Klassiker, der gar nicht so schwierig herzustellen ist, wie es erscheinen mag. Als Referenz gelten die Sagen-
haften des Praliniers Jean Neuhaus. Wer übrigens in der Nähe von
Brüssel unterwegs ist, sollte unbedingt sein Stammhaus in der Galerie
de la Reine besuchen und sich eine kleine Auswahl gönnen. Und sei es
nur, um Grenzland zu erforschen und die Messlatte für Eigen-
kreationen noch höher zu legen. Zurück zu den Selbstgemachten:
Aus der Goldfolie werden zunächst 30 kleine Kreise mit etwa 6 cm
Durchmesser geschnitten. Die daraus gedrehten Tütchen bereitlegen.
Die Sahne wird leicht erwärmt, um darin die Zartbitterkuvertüre auf-
zulösen. Danach den Topf vom Herd nehmen. Die Nußnougatmasse
wird nun in kleine Stücke geschnitten und nach und nach zusammen
mit der Butter in die Sahnekuvertüre gerührt. Dann den Topf in eine
Schüssel mit Eiswasser stellen und die Masse mit dem Schneebesen
kalt und schaumig rühren.
Die Nougatmasse wird schließlich in einen Spritzbeutel mit kleinster
Sterntülle gefüllt und in die 30 Tütchen gespritzt. Natürlich so, daß
ein möglichst schön gedrehter Abschluß auf jedem Tütchen entsteht.
Kleinere optische Mängel lassen sich übrigens ganz gut mit einer
Haselnuß kaschieren.
Nach einer Stunde im Kühlschrank sind die Selbstgedrehten bereit
zum Vergleich. Und...?

## Trüffeln

Krone der schokophilen Schöpfung sind zweifelsohne die Trüffeln. Sie sind im Prinzip recht einfach herzustellen und haben deshalb ein unschlagbares Aufwand-zu-Wirkungs-Verhältnis. Das Einzige, was dem Connaisseur beim Selbst-Trüffeln verloren geht, ist das zugegebenermaßen hübsche Kauf-Zeremoniell in der Confiserie: das geschickte Agieren flinker Hände mit weißen Baumwollhandschuhen, das Klappern der feinen Silberzange, das vorsichtige Bugsieren der kleinen Pretiosen in die knisternde Tüte und natürlich das liebliche Rascheln der Geldscheine.

Das Grundrezept für etwa 60 Stück kann beliebig mit Champagner, Likören, Bränden oder Espresso parfümiert werden.

**100 ml Sahne · 100 g Zucker · 50 g Glucosesirup
2 EL Likör (zum Beispiel Champagner, Amaretto etc.)
200 g Zartbitterkuvertüre · 175 g Milchkuvertüre
200 g Butter · dunkle Kuvertüre zum Tauchen
Puderzucker zum Wälzen**

Die Sahne unter ständigem Rühren aufkochen. Zucker, Likör und Glucosesirup einrühren. Danach die geraspelte Kuvertüre langsam hineinmischen und zum Schmelzen bringen. Nun wird in einer anderen Schüssel die Butter schaumig geschlagen, bis sich ihr Volumen deutlich vergrößert hat. Die auf etwa gleiche Temperatur abgekühlte Schokoladenmasse wird jetzt vorsichtig eingerührt und später sogar geschlagen, bis eine völlig homogene Masse entstanden ist. Aus der Masse werden mit einem Teelöffel etwa kirschgroße Kugeln gestochen, die in flüssige Kuvertüre getaucht und dann mit Puderzucker bestäubt abgesetzt werden.

# Die Rezepte

WALTER HÄDECKE VERLAG
D-71256 Weil der Stadt
Tel. +49(0)7033/529830
Fax +49(0)7033/529831